About Skill Builders
Spanish I
Grades K–5

Welcome to Skill Builders *Spanish I* for grades K–5. This book is designed to help children master essential Spanish vocabulary through focused practice. This full-color workbook contains grade-level-appropriate activities based on national standards to help ensure that children master basic vocabulary before progressing.

More than 70 pages of activities cover essential vocabulary topics, such as colors and numbers, the weather, family members, and parts of the body. The book's colorful, inviting format and easy-to-follow directions help build children's confidence and make learning Spanish more accessible and enjoyable.

The Skill Builders series offers workbooks that are perfect for keeping children current during the school year or preparing them for the next grade.

carsondellosa.com
Carson-Dellosa Publishing LLC
Greensboro, North Carolina

Printed in the USA • All rights reserved.

ISBN 978-1-936023-35-6
16-098191151

Contenido (Table of Contents)

La plaza (Town Square)

Many cities and towns in Spanish-speaking countries are built around a plaza, or central square. There is usually a church, city hall, cafés, and stores surrounding the plaza. People come here to take walks and meet their friends. Sometimes there are groups who play music in the evenings.

El abecedario (Alphabet)

(Notice that there are 4 extra letters in the Spanish alphabet.)

 Aa
(ah)

abeja
(bee)

 Bb
(beh)

bote
(boat)

Cc
(seh)

casa
(house)

Ch
(cheh)

chimenea
(chimney)

Dd
(deh)

dedo
(finger)

Ee
(eh)

elefante
(elephant)

 Ff
(ef—feh)

flor
(flower)

Gg
(heh)

gato
(cat)

Hh
(ah—cheh)

Note: H is a silent letter

helado
(ice cream)

Ii
(ee)

iglú
(igloo)

Jj
(hō—tah)

jaula
(cage)

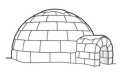

Kk
(kah)

koala
(koala)

Ll
(el-leh)

lápiz
(pencil)

Ll ll
(ay-lay)

llave
(key)

Mm
(eh—meh)

mono
(monkey)

© Carson-Dellosa

5

Nn
(en—neh)

nariz
(nose)

Ññ
(en—yeh)

ñandú
(rhea)

Oo
(oh)

oso
(bear)

Pp
(peh)

puerta
(door)

Qq
(coo)

queso
(cheese)

Rr
(eh—reh)

reloj
(clock)

rr
(eh—rrreh)

Note: There are no words in
Spanish that begin with rr.

carro
(car)

Ss
(es—seh)

silla
(chair)

Tt
(teh)

tambor
(drum)

Uu
(oo)

uvas
(grapes)

Vv
(beh)

V sounds just like B.

ventana
(window)

Note: There are no
W's in Spanish.

Xx
(eh—kees)

xilófono
(xylophone)

Yy
(ee gree—ay—gah)

yate
(yacht)

Zz
(seh—tah)

zapato
(shoe)

Los números (Numbers)

Escribe las palabras en español. (Write the words in Spanish.)

1 uno

uno

2 dos

dos

3 tres

tres

4 cuatro

cuatro

5 cinco

6 seis

7 siete

8 ocho

9 nueve

10 diez

Escribe con palabras los números correctos en español.

(Write the correct numbers in Spanish using words.)

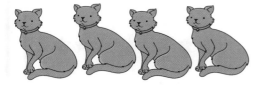

_____   _____

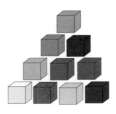

_____   _____

_____   _____

_____   _____

Los números (Numbers)

Escribe las palabras en español. (Write the words in Spanish.)

11 once

12 doce

_____

13 trece

14 catorce

_____

15 quince

16 dieciséis

_____

17 diecisiete

18 dieciocho

_____

19 diecinueve

20 veinte

_____

Escribe con palabras los números correctos en español.

(Write the correct numbers in Spanish using words.)

_____

_____

_____

_____

Los colores (Colors)

Escribe los colores en español. (Write the colors in Spanish.)

rojo

anaranjado

_____

amarillo

verde

_____

azul

morado

_____

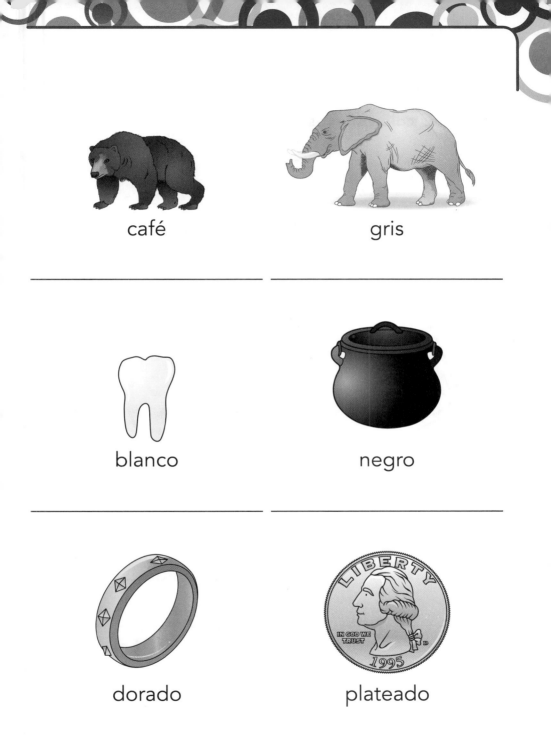

café

gris

blanco

negro

dorado

plateado

Los colores (Colors)

Escribe los colores en español. (Write the colors in Spanish.)

_____   _____

_____   _____

_____   _____

_____   _____

_____   _____

Escribe los colores en español. (Write the colors in Spanish.)

1. My favorite color is _____.

2. The sky is _____.

3. The sun is _____.

4. Snow is _____.

5. My house is _____.

6. Dirt is _____.

7. In the summer, leaves are _____.

8. Grape juice is _____.

9. An orange is _____.

10. Roses are _____ and

    violets are _____.

11. My shirt is _____.

12. Some jewelry is _____.

Los días de la semana
(The Days of the Week)

Escribe las palabras en español. (Write the words in Spanish.)

lunes
(Monday)

_____

martes
(Tuesday)

_____

miércoles
(Wednesday)

_____

jueves
(Thursday)

_____

viernes
(Friday)

_____

sábado
(Saturday)

_____

domingo
(Sunday)

_____

Escribe el día siguiente. (Write the day that comes next.)

martes _____

abril						
				1	2	3
4	5	6	7	8	9	10
11	12	13	14	15	16	17
18	19	20	21	22	23	24
25	26	27	28	29	30	

viernes _____

lunes _____

mayo						
						1
2	3	4	5	6	7	8
9	10	11	12	13	14	15
16	17	18	19	20	21	22
23	24	25	26	27	28	29
30	31					

jueves _____

miércoles _____

junio						
	1	2	3	4	5	6
7	8	9	10	11	12	13
14	15	16	17	18	19	20
21	22	23	24	25	26	27
28	29	30				

domingo _____

sábado _____

Las estaciones del año
(The Seasons of the Year)

Escribe las palabras en español. (Write the words in Spanish.)

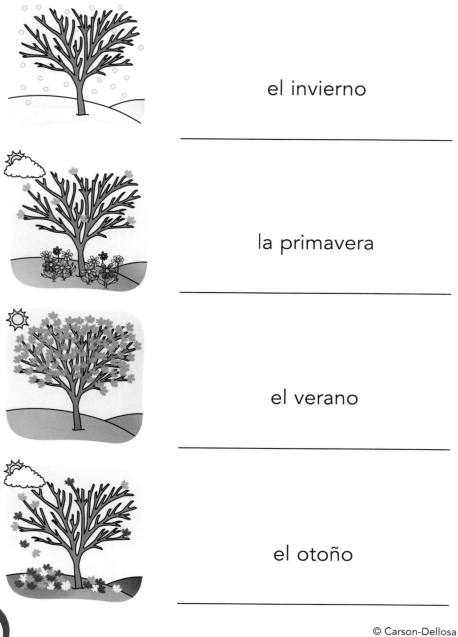

el invierno

_____

la primavera

_____

el verano

_____

el otoño

_____

Escribe la estaciones en español. (Write the seasons in Spanish.)

_____   _____

_____   _____

El tiempo (The Weather)

Escribe las palabras en español. (Write the words in Spanish.)

el sol

_____

las nubes

_____

la lluvia

_____

la nieve

_____

el viento

_____

Identifica el tiempo. Escribe las palabras en español.

(Identify the weather in each picture. Write the words in Spanish.)

_____

_____

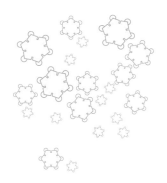

_____

_____

_____

_____

_____

Los animales (Animals)

Escribe las palabras en español. (Write the words in Spanish.)

el perro

_____

el gato

_____

el pájaro

_____

el pez

_____

el conejo

_____

la cabra

_____

el caballo

_____

la oveja

_____

la vaca

_____

la serpiente

_____

Los animales (Animals)

Escribe las palabras en español. (Write the words in Spanish.)

el pato

_____

la gallina

_____

la tortuga

_____

la rana

_____

la mosca

_____

Escribe en español los nombres de cada animal.

(Write the name of each animal in Spanish.)

1. _____ 6. _____ 11. _____

2. _____ 7. _____ 12. _____

3. _____ 8. _____ 13. _____

4. _____ 9. _____ 14. _____

5. _____ 10. _____

El cuerpo (The Body)

Escribe las palabras en español. (Write the words in Spanish.)

la cabeza

_____

el pelo

_____

los ojos

_____

la nariz

_____

la boca

_____

la oreja

_____

el brazo

_____

el codo

_____

la mano

_____

el dedo

_____

El cuerpo (The Body)

Escribe las palabras en español. (Write the words in Spanish.)

la pierna

_____

la rodilla

_____

el pie

_____

la espalda

_____

el pecho

_____

Identifica y escribe las partes del cuerpo en español.

(Identify and label the parts of the body in Spanish.)

La ropa (Clothing)

Escribe las palabras en español. (Write the words in Spanish.)

la camisa

_____

los pantalones

_____

el traje

_____

la corbata

_____

los zapatos

_____

la blusa

_____

la falda

_____

el vestido

_____

el abrigo

_____

el traje de baño

_____

La ropa (Clothing)

Escribe las palabras en español. (Write the words in Spanish.)

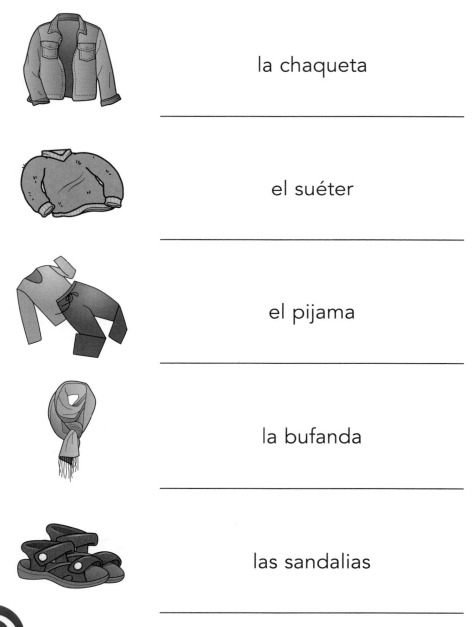

la chaqueta

_____

el suéter

_____

el pijama

_____

la bufanda

_____

las sandalias

_____

Dibuja y escribe en español la ropa que llevas.

(Draw and write in Spanish the clothing you wear.)

to the beach

to school

_____

_____

_____

_____

to bed

to a wedding

_____

_____

_____

_____

when it is cold

when it is hot

_____

_____

_____

_____

Los deportes (Sports)

Escribe las palabras en español. (Write the words in Spanish.)

el béisbol

_____

el fútbol

_____

el baloncesto

_____

el hockey

_____

el fútbol americano

_____

el tenis

_____

el golf

_____

la natación

_____

la gimnasia

_____

el ciclismo

_____

Los deportes (Sports)

Escribe las palabras en español. (Write the words in Spanish.)

el esquí

_____

el patinaje

_____

el snowboard

_____

el boliche

_____

la equitación

_____

Identifica los deportes. Escribe las palabras en español.
(Identify each sport. Write the word in Spanish.)

_____   _____   _____

_____   _____   _____

_____   _____   _____

La familia (The Family)

Escribe las palabras en español. (Write the words in Spanish.)

el padre

_____

la madre

_____

el hijo

_____

la hija

_____

el hermano

_____

la hermana

_____

el abuelo

_____

la abuela

_____

el tío

_____

la tía

_____

La familia (The Family)

Escribe las palabras en español. (Write the words in Spanish.)

La casa (The House)

Escribe las palabras en español. (Write the words in Spanish.)

el dormitorio

_____

la cocina

_____

la sala

_____

el comedor

_____

el baño

_____

el tejado

_____

el techo

_____

el piso

_____

la pared

_____

la puerta

_____

La casa (The House)

Escribe las palabras en español. (Write the words in Spanish.)

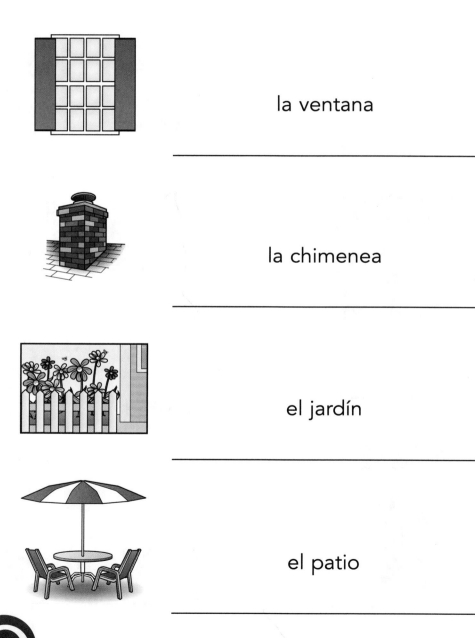

la ventana

_____

la chimenea

_____

el jardín

_____

el patio

_____

Dibuja las partes de la casa y escribe las palabras en español. (Draw the parts of the house, and label each in Spanish.)

door

bedroom

kitchen

_____   _____   _____

roof

chimney

bathroom

_____   _____   _____

floor

dining room

window

_____   _____   _____

Cosas de la casa (Household items)

Escribe las palabras en español. (Write the words in Spanish.)

el sofá

_____

la silla

_____

la lámpara

_____

la mesa

_____

la cama

_____

el televisor

---

el refrigerador

---

el horno

---

el fregadero

---

el estante

Cosas de la casa (Household items)

Escribe las palabras en español. (Write the words in Spanish.)

la alfombra

_____

el teléfono

_____

la cómoda

_____

la escalera

_____

la computadora

_____

Dibuja los objetos de la casa. (Draw the objects in the house.)

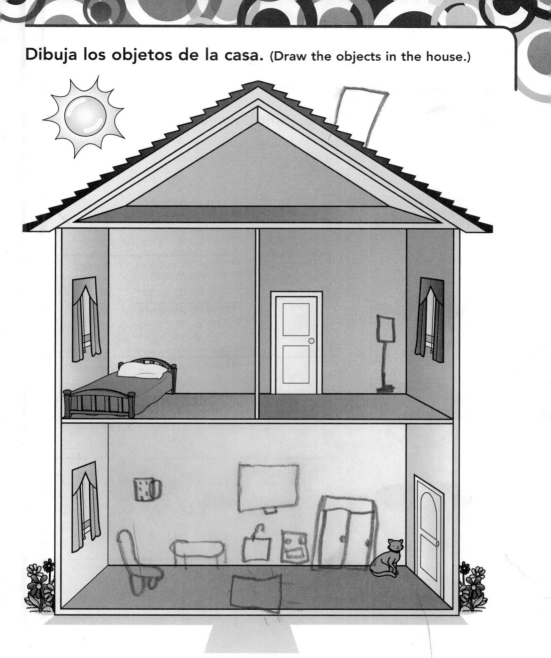

la lámpara	el horno	el estante
el teléfono	la alfombra	la silla
el televisor	la chimenea	la cama
la mesa	el sofá	la cómoda
el refrigerador	el fregadero	la computadora

La comida (Food)

Escribe las palabras en español. (Write the words in Spanish.)

la carne

_____

el pescado

_____

el pollo

_____

la torta

_____

el pan

_____

el queso

_____

el café

_____

el té

_____

la leche

_____

el jugo

_____

las frutas

_____

las legumbres

_____

La comida (Food)

Escribe las palabras en español. (Write the words in Spanish.)

la ensalada

_____

las habichuelas

_____

la toronja

_____

los guisantes

_____

la manzana

_____

el pepino

_____

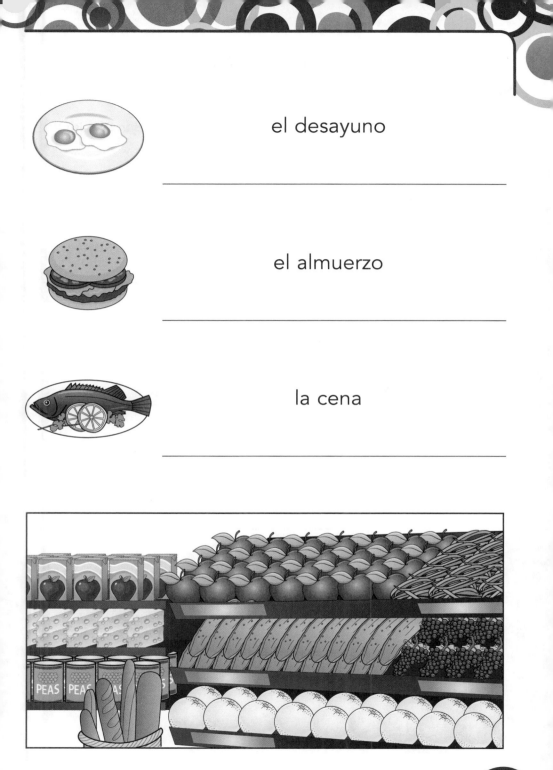

el desayuno

_____

el almuerzo

_____

la cena

_____

En la mesa (At the Table)

Escribe las palabras en español. (Write the words in Spanish.)

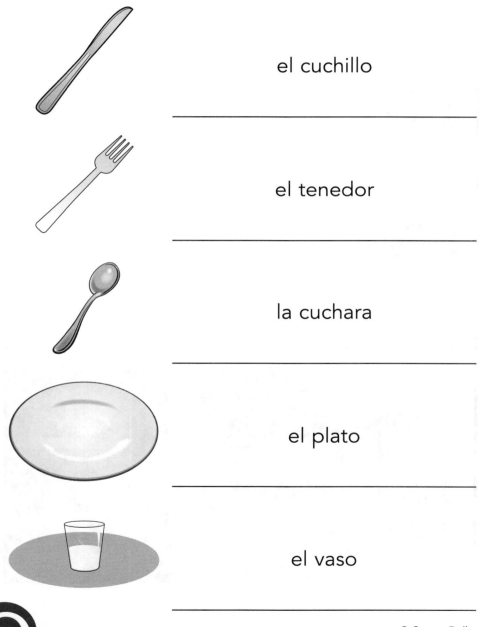

el cuchillo

_____

el tenedor

_____

la cuchara

_____

el plato

_____

el vaso

_____

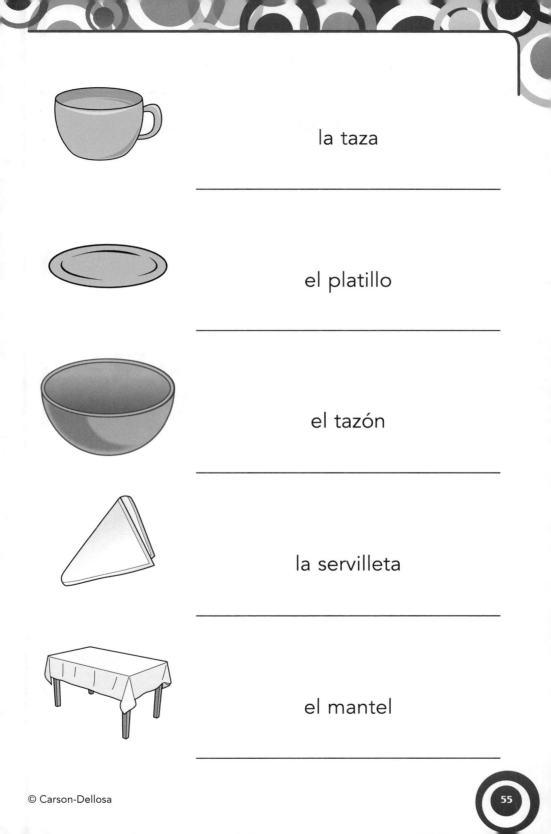

la taza

_____

el platillo

_____

el tazón

_____

la servilleta

_____

el mantel

_____

En la mesa (At the Table)

Escribe las palabras en español. (Write the words in Spanish.)

1. I butter my toast with _____.

2. I drink milk out of _____.

3. My parents drink coffee out

   of _____

   on _____.

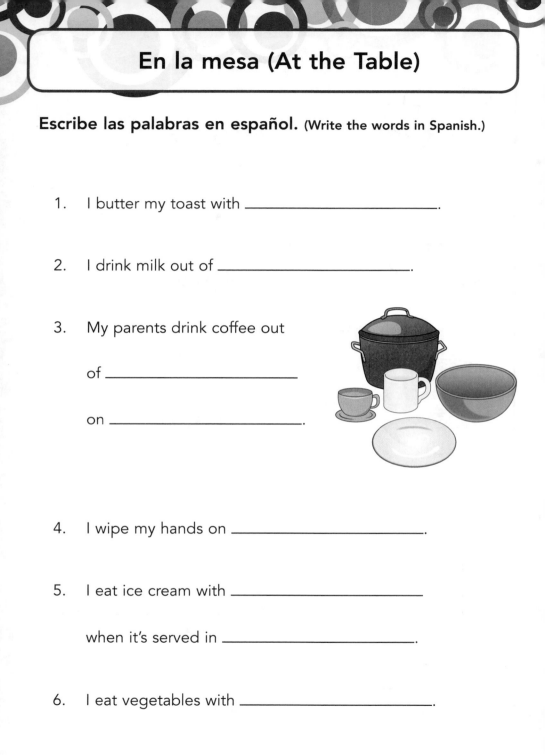

4. I wipe my hands on _____.

5. I eat ice cream with _____

   when it's served in _____.

6. I eat vegetables with _____.

Escribe la palabra en español que corresponda a los números del dibujo.

(Write the Spanish word that corresponds to the numbers in the picture.)

1. _____

2. _____

3. _____

4. _____

5. _____

6. _____

7. _____

8. _____

9. _____

10. _____

En la escuela (At School)

Escribe las palabras en español. (Write the words in Spanish.)

la escuela

_____

la maestra

_____

el estudiante

_____

el libro

_____

el pupitre

_____

el bolígrafo

_____

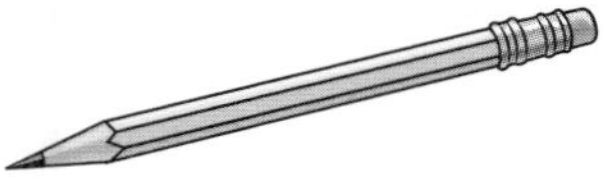

el lápiz

_____

el papel

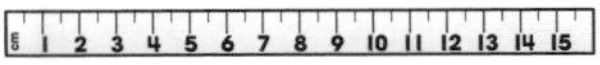

_____

la regla

_____

las tijeras

_____

el pegamento

_____

el salón de clases

_____

En la escuela (At school)

Escribe las palabras en español. (Write the words in Spanish.)

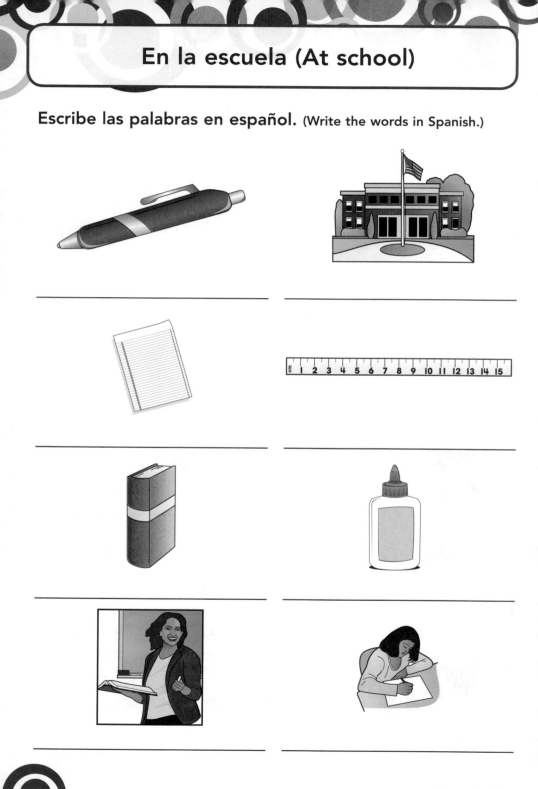

El sálon de clases

Escribe la palabra en español que corresponda a los números del dibujo. (Write the Spanish word that corresponds to the numbers in the picture.)

1. _____   6. _____

2. _____   7. _____

3. _____   8. _____

4. _____   9. _____

5. _____

Ayudantes de la comunidad
(Helpers in the Community)

Escribe las palabras en español. (Write the words in Spanish.)

el policía

_____

el bombero

_____

el plomero

_____

el médico

_____

la enfermera

_____

el dentista

_____

el salvavidas

_____

el piloto

_____

el bibliotecario

_____

el cartero

_____

Las profesiones (Professions)

Escribe las palabras en español. (Write the words in Spanish.)

el carpintero

_____

el camionero

_____

el mecánico

_____

la secretaria

_____

el artista

_____

Escribe en español quién hace los trabajos a continuación.

(Write in Spanish who does the following jobs.)

1. repairs cars   _____

2. puts out fires   _____

3. delivers mail   _____

4. paints   _____

5. directs traffic   _____

6. repairs leaky pipes   _____

7. flies airplanes   _____

8. saves lives   _____

9. checks your teeth   _____

10. drives a truck   _____

¿Adónde vas? (Where Are You Going?)

Escribe las palabras en español. (Write the words in Spanish.)

a la ciudad

_____

al campo

_____

al supermercado

_____

a la oficina

_____

a la playa

_____

al restaurante

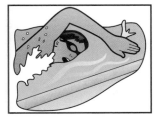

al correo

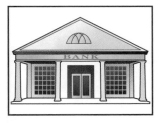

al banco

a la piscina

al aeropuerto

¿Adónde vas? (Where Are You Going?)

Escribe en español adónde irías en cada situación.

(Write in Spanish where you would go in each situation.)

You want to buy food.

_____

You want to eat.

_____

You need money.

_____

You want to swim.

_____

You want to travel.

_____

¿Adónde irías para encontrar las siguientes cosas?

(Where would you go to find the following things?)

_____

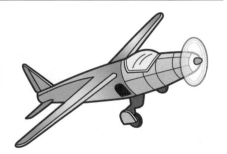

_____

_____   _____

El transporte (Transportation)

Escribe las palabras en español. (Write the words in Spanish.)

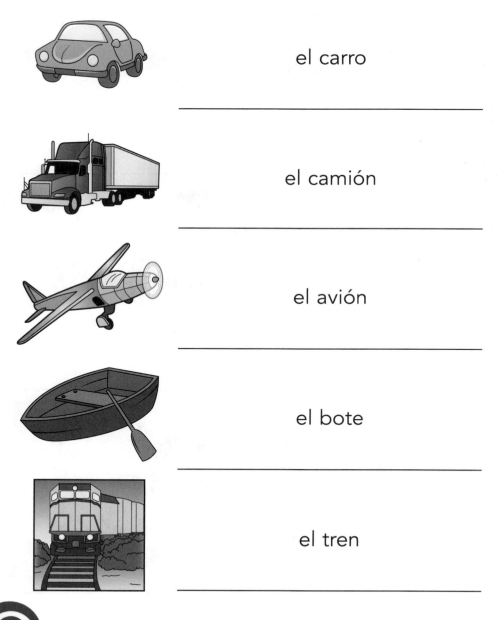

el carro

el camión

el avión

el bote

el tren

el autobús

_____

la bicicleta

_____

la motocicleta

_____

el taxi

_____

la canoa

_____

El transporte (Transportation)

Escribe las respuestas en español. (Write the answers in Spanish.)

1. Children ride to school on me.

   What am I? _____

2. I was once made from the trunk of a tree.

   What am I? _____

3. Time "flies" when you travel on me.

   What am I? _____

4. My English name rhymes with "float," which is what I do.

   What am I? _____

5. I have a caboose.

   What am I? _____

6. Many children learn to ride on me.

   What am I? _____

7. People use me to carry very big loads.

   What am I? _____

Escribe las palabras en español. (Write the words in Spanish.)

_____ _____ _____

_____ _____ _____

_____ _____ _____

Clave de respuestas (Answer Key)

PAGE 8

1 uno	(one)
2 dos	(two)
3 tres	(three)
4 cuatro	(four)
5 cinco	(five)
6 seis	(six)
7 siete	(seven)
8 ocho	(eight)
9 nueve	(nine)
10 diez	(ten)

PAGE 9

cuatro	(four)
dos	(two)
siete	(seven)
diez	(ten)
uno	(one)
tres	(three)
seis	(six)
cinco	(five)

PAGE 10

11 once	(eleven)
12 doce	(twelve)
13 trece	(thirteen)
14 catorce	(fourteen)
15 quince	(fifteen)
16 dieciséis	(sixteen)
17 diecisiete`	(seventeen)
18 dieciocho	(eighteen)
19 diecinueve	(nineteen)
20 veinte	(twenty)

PAGE 11

veinte	(twenty)
catorce	(fourteen)
diecisiete	(seventeen)
trece	(thirteen)
dieciséis	(sixteen)
once	(eleven)
doce	(twelve)
quince	(fifteen)

PAGE 12

rojo	(red)
anaranjado	(orange)
amarillo	(yellow)
verde	(green)
azul	(blue)
morado	(purple)

PAGE 13

café	(brown)
gris	(gray)
blanco	(white)
negro	(black)
dorado	(gold)
plateado	(silver)

PAGE 14

negro	(black)
amarillo	(yellow)
blanco	(white)
verde	(green)
café	(brown)
azul	(blue)
rojo	(red)
morado	(purple)
anaranjado	(orange)
gris	(gray)

PAGE 15

1. Answers will vary.	
2. azul	(blue)
3. amarillo	(yellow)
4. blanco	(white)
5. Answers will vary.	
6. café	(brown)
7. verde	(green)
8. morado	(purple)
blanco	(white)
9. anaranjado	(orange)
10. rojo	(red)
azul	(blue)
11. Answers will vary.	
12. dorado	(gold)
plateado	(silver)

Clave de respuestas (Answer Key)

PAGE 16
lunes	(Monday)
martes	(Tuesday)
miércoles	(Wednesday)
jueves	(Thursday)
viernes	(Friday)
sábado	(Saturday)
domingo	(Sunday)

PAGE 17
miércoles	(Wednesday)
sábado	(Saturday)
martes	(Tuesday)
viernes	(Friday)
jueves	(Thursday)
lunes	(Monday)
domingo	(Sunday)

PAGE 18
el invierno	(winter)
la primavera	(spring)
el verano	(summer)
el otoño	(fall)

PAGE 19
la primavera	(spring)
el invierno	(winter)
el verano	(summer)
el otoño	(fall)

PAGE 20
el sol	(sun)
las nubes	(clouds)
la lluvia	(rain)
la nieve	(snow)
el viento	(wind)

PAGE 21
el sol	(sun)
la lluvia	(rain)
la nieve	(snow)
las nubes	(clouds)
las nubes, la lluvia, el viento	(clouds, rain, wind)

PAGE 22
el perro	(dog)
el gato	(cat)
el pájaro	(bird)
el pez	(fish)
el conejo	(rabbit)

PAGE 23
la cabra	(goat)
el caballo	(horse)
la oveja	(sheep)
la vaca	(cow)
la serpiente	(snake)

PAGE 24
el pato	(duck)
la gallina	(chicken)
la tortuga	(turtle)
la rana	(frog)
la mosca	(fly)

PAGE 25
1. la mosca	(fly)
2. el pájaro	(bird)
3. el caballo	(horse)
4. la vaca	(cow)
5. la gallina	(chicken)
6. la oveja	(sheep)
7. el perro	(dog)
8. la cabra	(goat)
9. el conejo	(rabbit)
10. el gato	(cat)
11. el pato	(duck)
12. la tortuga	(turtle)
13. el pez	(fish)
14. la serpiente	(snake)

Clave de respuestas (Answer Key)

PAGE 26
la cabeza	(head)
el pelo	(hair)
los ojos	(eyes)
la nariz	(nose)
la boca	(mouth)

PAGE 27
la oreja	(ear)
el brazo	(arm)
el codo	(elbow)
la mano	(hand)
el dedo	(finger)

PAGE 28
la pierna	(leg)
la rodilla	(knee)
el pie	(foot)
la espalda	(back)
el pecho	(chest)

PAGE 29
Order may vary, but should include:
el pelo	(hair)
la cabeza	(head)
los ojos	(eyes)
la oreja	(ear)
la nariz	(nose)
la boca	(mouth)
el pecho	(chest)
la espalda	(back)
el brazo	(arm)
el codo	(elbow)
la mano	(hand)
el dedo	(finger)
la rodilla	(knee)
la pierna	(leg)
el pie	(foot)

PAGE 30
la camisa	(shirt)
los pantalones	(pants)
el traje	(suit)
la corbata	(tie)
los zapatos	(shoes)

PAGE 31
la blusa	(blouse)
la falda	(skirt)
el vestido	(dress)
el abrigo	(coat)
el traje de baño	(swimsuit)

PAGE 32
la chaqueta	(jacket)
el suéter	(sweater)
el pijama	(pajamas)
la bufanda	(scarf)
las sandalias	(sandals)

PAGE 33
Answers will vary, but may include:
el traje de baño	(swimsuit)
las sandalias	(sandals)
el vestido	(dress)
los pantalones	(pants)
el pijama	(pajamas)
el traje	(suit)
la corbata	(tie)
la bufanda	(scarf)
el abrigo	(coat)
la camisa	(shirt)
las sandalias	(sandals)

PAGE 34
el béisbol	(baseball)
el fútbol	(soccer)
el baloncesto	(basketball)
el hockey	(hockey)
el fútbol americano	(football)

Clave de respuestas (Answer Key)

PAGE 35
el tenis	(tennis)
el golf	(golf)
la natación	(swimming)
la gimnasia	(gymnastics)
el ciclismo	(cycling)

PAGE 36
el esquí	(skiing)
el patinaje	(skating)
el snowboard	(snowboarding)
el boliche	(bowling)
la equitación	(horseback riding)

PAGE 37
la natación	(swimming)
el esquí	(skiing)
el baloncesto	(basketball)
el béisbol	(baseball)
el tenis	(tennis)
el fútbol	(soccer)
el ciclismo	(cycling)
el patinaje	(skating)
el hockey	(hockey)

PAGE 38
el padre	(father)
la madre	(mother)
el hijo	(son)
la hija	(daughter)
el hermano	(brother)

PAGE 39
la hermana	(sister)
el abuelo	(grandfather)
la abuela	(grandmother)
el tío	(uncle)
la tía	(aunt)

PAGES 40
la abuela	(grandmother)
la madre	(mother)
la tía	(aunt)
el tío	(uncle)

PAGES 41
el abuelo	(grandfather)
el padre	(father)
la hermana	(sister)
el hermano	(brother)

PAGE 42
el dormitorio	(bedroom)
la cocina	(kitchen)
la sala	(living room)
el comedor	(dining room)
el baño	(bathroom)

PAGE 43
el tejado	(roof)
el techo	(ceiling)
el piso	(floor)
la pared	(wall)
la puerta	(door)

PAGE 44
la ventana	(window)
la chimenea	(chimney)
el jardín	(garden)
el patio	(patio)

PAGE 45
la puerta	(door)
el dormitorio	(bedroom)
la cocina	(kitchen)
el tejado	(roof)
la chimenea	(chimney)
el baño	(bathroom)
el piso	(floor)
el comedor	(dining room)
la ventana	(window)

Clave de respuestas (Answer Key)

PAGE 46
el sofá	(sofa)
la silla	(chair)
la lámpara	(lamp)
la mesa	(table)
la cama	(bed)

PAGE 47
el televisor	(television)
el refrigerador	(refrigerator)
el horno	(oven)
el fregadero	(sink)
el estante	(shelf)

PAGE 48
la alfombra	(carpet)
el teléfono	(telephone)
la cómoda	(dresser)
la escalera	(stairs)
la computadora	(computer)

PAGE 49
Students should draw the following items:

la lámpara	(lamp)
el teléfono	(telephone)
el televisor	(television)
la mesa	(table)
el refrigerador	(refrigerator)
el horno	(oven)
la alfombra	(carpet)
la chimenea	(chimney)
el sofá	(sofa)
el fregadero	(sink)
el estante	(shelf)
la silla	(chair)
la cama	(bed)
la cómoda	(dresser)
la computadora	(computer)

PAGE 50
la carne	(steak)
el pescado	(fish)
el pollo	(chicken)
la torta	(cake)
el pan	(bread)
el queso	(cheese)

PAGE 51
el café	(coffee)
el té	(tea)
la leche	(milk)
el jugo	(juice)
las frutas	(fruits)
las legumbres	(vegetables)

PAGE 52
la ensalada	(salad)
las habichuelas	(green beans)
la toronja	(grapefruit)
los guisantes	(peas)
la manzana	(apple)
el pepino	(cucumber)

PAGE 53
el desayuno	(breakfast)
el almuerzo	(lunch)
la cena	(dinner)

PAGE 54
el cuchillo	(knife)
el tenedor	(fork)
la cuchara	(spoon)
el plato	(plate)
el vaso	(glass)

PAGE 55
la taza	(cup)
el platillo	(saucer)
el tazón	(bowl)
la servilleta	(napkin)
el mantel	(tablecloth)

Clave de respuestas (Answer Key)

PAGE 56
1. el cuchillo   (knife)
2. el vaso   (glass)
3. la taza   (cup)
   el platillo   (saucer)
4. la servilleta   (napkin)
5. la cuchara   (spoon)
   el tazón   (bowl)
6. el tenedor   (fork)

PAGE 57
1. el vaso   (glass)
2. el plato   (plate)
3. la taza   (cup)
4. el platillo   (saucer)
5. el tazón   (bowl)
6. la servilleta   (napkin)
7. el mantel   (tablecloth)
8. el tenedor   (fork)
9. el cuchillo   (knife)
10. la cuchara   (spoon)

PAGE 58
la escuela   (school)
la maestra   (woman teacher)
el estudiante   (student)
el libro   (book)
el pupitre   (desk)
el bolígrafo   (pen)

PAGE 59
el lápiz   (pencil)
el papel   (paper)
la regla   (ruler)
las tijeras   (scissors)
el pegamento   (glue)
el salón de clases   (classroom)

PAGE 60
el bolígrafo   (pen)
la escuela   (school)
el papel   (paper)
la regla   (ruler)
el libro   (book)
el pegamento   (glue)
la maestra   (woman teacher)
el estudiante   (student)

PAGE 61
1. el estudiante   (student)
2. la maestra   (teacher)
3. el libro   (book)
4. el pegamento   (glue)
5. las tijeras   (scissors)
6. el papel   (paper)
7. el lápiz   (pencil)
8. la regla   (ruler)
9. el pupitre   (desk)

PAGE 62
el policía   (the police)
el bombero   (the firefighter)
el plomero   (the plumber)
el médico   (the doctor)
la enfermera   (the nurse)

PAGE 63
el dentista   (the dentist)
el salvavidas   (the lifeguard)
el piloto   (the pilot)
el bibliotecario   (the librarian)
el cartero   (the postman)

PAGE 64
el carpintero   (the carpenter)
el camionero   (the truck driver)
el mecánico   (the mechanic)
la secretaria   (the secretary)
el artista   (the artist)

Clave de respuestas (Answer Key)

PAGE 65

1. el mecánico — (the mechanic)
2. el bombero — (the firefighter
3. el cartero — (the postman)
4. el artista — (the artist)
5. el policía — (the police)
6. el plomero — (the plumber)
7. el piloto — (the pilot)
8. el salvavidas — (the lifeguard)
9. el dentista — (the dentist)
10. el camionero — (the truck driver)

PAGE 66

a la ciudad — (to the city)
al campo — (to the countryside)
al supermercado — (to the supermarket)
a la oficina — (to the office)
a la playa — (to the beach)

PAGE 67

al restaurante — (to the restaurant)
al correo — (to the post office)
al banco — (to the bank)
a la piscina — (to the pool)
al aeropuerto — (to the airport)

PAGE 68

al supermercado — (to the supermarket)
al restaurante — (to the restaurant)
al banco — (to the bank)
a la piscina — (to the pool)
al aeropuerto — (to the airport)

PAGE 69

al campo — (to the countryside)
al correo — (to the post office)
al aeropuerto — (to the airport)
a la oficina — (to the office)
a la ciudad — (to the city)
a la playa — (to the beach)

PAGE 70

el carro — (the car)
el camión — (the truck)
el avión — (the plane)
el bote — (the boat)
el tren — (the train)

PAGE 71

el autobús — (the bus)
la bicicleta — (the bicycle)
la motocicleta — (the motorcycle)
el taxi — (the taxi)
la canoa — (the canoe)

PAGE 72

1. el autobús — (the bus)
2. la canoa — (the canoe)
3. el avión — (the plane)
4. el bote — (the boat)
5. el tren — (the train)
6. la bicicleta — (the bicycle)
7. el camión — (the truck)

PAGE 73

el autobús — (the bus)
el tren — (the train)
el carro — (the car)
la canoa — (the canoe)
el camión — (the truck)
la motocicleta — (the motorcycle)
la bicicleta — (the bicycle)
el bote — (the boat)
el taxi — (the taxi)